BEI GRIN MACHT SICH IHR WISSEN BEZAHLT

- Wir veröffentlichen Ihre Hausarbeit, Bachelor- und Masterarbeit

- Ihr eigenes eBook und Buch - weltweit in allen wichtigen Shops

- Verdienen Sie an jedem Verkauf

Jetzt bei www.GRIN.com hochladen und kostenlos publizieren

Bibliografische Information der Deutschen Nationalbibliothek:

Die Deutsche Bibliothek verzeichnet diese Publikation in der Deutschen Nationalbibliografie; detaillierte bibliografische Daten sind im Internet über http://dnb.d-nb.de/ abrufbar.

Dieses Werk sowie alle darin enthaltenen einzelnen Beiträge und Abbildungen sind urheberrechtlich geschützt. Jede Verwertung, die nicht ausdrücklich vom Urheberrechtsschutz zugelassen ist, bedarf der vorherigen Zustimmung des Verlages. Das gilt insbesondere für Vervielfältigungen, Bearbeitungen, Übersetzungen, Mikroverfilmungen, Auswertungen durch Datenbanken und für die Einspeicherung und Verarbeitung in elektronische Systeme. Alle Rechte, auch die des auszugsweisen Nachdrucks, der fotomechanischen Wiedergabe (einschließlich Mikrokopie) sowie der Auswertung durch Datenbanken oder ähnliche Einrichtungen, vorbehalten.

Impressum:

Copyright © 2018 GRIN Verlag
Druck und Bindung: Books on Demand GmbH, Norderstedt Germany
ISBN: 9783668892019

Dieses Buch bei GRIN:

https://www.grin.com/document/454886

Felix Dührsen

Trainingsprogramm zur Steigerung von Beweglichkeit und Koordination

GRIN Verlag

GRIN - Your knowledge has value

Der GRIN Verlag publiziert seit 1998 wissenschaftliche Arbeiten von Studenten, Hochschullehrern und anderen Akademikern als eBook und gedrucktes Buch. Die Verlagswebsite www.grin.com ist die ideale Plattform zur Veröffentlichung von Hausarbeiten, Abschlussarbeiten, wissenschaftlichen Aufsätzen, Dissertationen und Fachbüchern.

Besuchen Sie uns im Internet:

http://www.grin.com/

http://www.facebook.com/grincom

http://www.twitter.com/grin_com

Deutsche Hochschule für
Prävention und Gesundheitsmanagement
Hermann Neuberger Sportschule 3
66123 Saarbrücken

Einsendeaufgabe

Fachmodul: BFÖ

Studiengang: WS2016

Datum Präsenzphase: 19.11. bis 21.11.2018

Name, Vorname: Dührsen, Felix

Studienort: Hamburg

Semester: **2. Halbjahr 2018**

Inhaltsverzeichnis

1	PERSONENDATEN	3
2	BEWEGLICHKEITSTESTUNG	5
3	TRAININGSPLANUNG BEWEGLICHKEITSTRAINING	7
4	TRAININGSPLANUNG KOORDINATIONSTRAINING	10
5	LITERATURRECHERCHE	13
6	LITERATURVERZEICHNIS	15

Tabellenverzeichnis

Tab.1: Allgemeine und Biometrische Daten zur
Person (eigene Darstellung) — Seite 1

Tab.2: Beweglichkeitstest nach Janda (Janda, 2000)
und Ergebnisse (eigene Darstellung) — Seite 5

Tab.3: Dehntraining (eigene Darstellung) — Seite 7

Tab.4: Koordinationstraining (eigene Darstellung) — Seite 10

Tab.5: Effekte des Dehnens im Hinblick auf eine
Verbesserung der sportlichen Leistungsfähigkeit
(eigene Darstellung) — Seite 13

1 Personendaten

Die Person, die in dieser Einsendeaufgabe betrachtet wird, ist 22 Jahre alt, weiblich, 164,5 cm groß und 58 kg schwer.

Die Trainingsmotive sind Gesundheit und Fitness und damit verbunden die Zieläußerungen der Beweglichkeits- und Kraftsteigerung. Hinsichtlich der Zielsetzung für das bevorstehende Trainingsprogramm wurden zwei Ziele definiert. Die Person setzt sich das Ziel ihre Beweglichkeit innerhalb von 3 Monaten soweit zu verbessern, dass sie in allen Tests auf Stufe 0 bewertet wird. Außerdem ist es ihr Ziel, im selben Zeitraum von drei Monaten fünf vollständige und korrekte Pistolsquats ohne Hilfestellung hintereinander durchführen zu können, ohne dabei das Gleichgewicht zu verlieren. Dieses Ziel gilt für die Ausführung mit beiden Seiten.

Die Person arbeitet als MFA und der Alltag ist abwechslungsreich gestaltet mit sitzenden, stehenden und gehenden Tätigkeiten. Die Person besitzt bereits Erfahrung im Krafttraining mit und ohne Geräten. Seit einem Jahr trainiert die Person in einem Fitness Kickboxen Kurs zwei Mal pro Woche für je 60 Minuten. Die Belastung liegt in diesem Kurs im Kraftausdauerbereich.

Der zeitliche Verfügungsrahmen für die Trainingsplanung beträgt zwei bis drei Tage mit bis zu 60 Minuten Zeit pro Trainingseinheit.

Körperliche Beschwerden oder gesundheitliche Einschränkungen besitzt die Person keine. Hinsichtlich der Trainierbarkeit und Belastbarkeit liegen somit keine Einschränkungen vor.

Tab.1: Allgemeine und Biometrische Daten zur Person (eigene Darstellung)

	Wert/Angabe
Alter	22 Jahre
Geschlecht	Weiblich
Körpergröße	164,5 cm
Körpergewicht	58 kg
Trainingsmotive	• Gesundheit • Fitness
Berufliche Tätigkeit	Ausbildung zur Medizinischen Fachangestellten (MFA)
Aktuelle sportliche Aktivität	• Fitness Kickboxen
Leistungsstufe	• 2 Mal pro Woche
Trainingsumfang	• 60 Minuten
Frühere sportliche Aktivität	• Krafttraining im Fitnessstudio

	Wert/Angabe
Leistungsstufe	• Heimtraining im Kraftausdauer Bereich • Fortgeschritten im Krafttraining
Trainingsumfang	• 2 Mal pro Woche ca. 60 Minuten Krafttraining
Zeitlicher Verfügungsrahmen	• 2-3 Tage/Woche • 45-60 Minuten/Tag
Orthopädische Probleme	Keine
Internistische Probleme	Keine
Allgemeiner Gesundheitszustand	Eigenbewertung: „gut" Keine subjektiven Beschwerden
Ärztliche Behandlungen	Keine
Einnahme von Medikamenten	Keine
Sonstige gesundheitliche Einschränkungen	Keine

2 Beweglichkeitstestung

Bei der Beweglichkeitstestung ergaben sich leichte Beweglichkeitsdefizite der Stufe 1 in der Hüftbeuge- und der Kniestreckmuskulatur. Abgesehen davon liegen keine weiteren Beweglichkeitsdefizite vor. In Brust-, Kniebeuge- und Wadenmuskulatur ist die Testperson uneingeschränkt beweglich. Die einzelnen Ergebnisse und Bewertungen sind der Tabelle zu entnehmen.

Tab.2: Beweglichkeitstest nach Janda (Janda, 2000) und Ergebnisse (eigene Darstellung)

Testübung	Testdurchführung	Richtwerte	Testergebnis
Brustmuskulatur (M. pectoralis major)	Die Testperson legt sich mit dem Rücken auf eine Behandlungsliege. Die Füße werden angewinkelt aufgestellt (Flexion im Hüft- und Kniegelenk). Die Testperson wird der Körperaußenseite am Rand der Liegefläche abschließend platziert. Der Oberkörper wird durch den Tester fixiert und der getestete Arm wird diagonal weggerichtet. Dieser wird nun im Schultergelenk abduziert und außenrotiert, sodass der Ellenbogen sich in einem 90 Grad Winkel befindet und die Handfläche geöffnet nach oben zeigt. Das Becken und die Lendenwirbelsäule bleiben fixiert. Als Messbereich dient die horizontale Position des Oberarms.	**Stufe 0**: Der Oberarm erreicht die Horizontale und kann durch leichten Druck des Testers unter die Horizontale gebracht werden. Es liegen keine Bewegungsdefizite vor. **Stufe 1**: Der Oberarm erreicht die Horizontale nicht. Durch leichten Druck kann dieser in die Horizontale geführt werden. Es liegt ein leichtes Bewegungsdefizit vor. **Stufe 2**: Der Oberarm erreicht die Horizontale auch durch leichten Druck des Trainers nicht. Es liegen Bewegungsdefizite vor.	Stufe 0: Der Arm liegt auf der Horizontalen und kann manuell durch den Tester unter die Horizontale gebracht werden. Es liegt somit keine Einschränkung der Beweglichkeit vor.
Hüftbeugemuskulatur (M. iliopsoas)	Die Testperson legt sich in mit dem Rücken auf eine Behandlungsliege. Das Gesäß schließt mit dem Rand der Liege ab. Ein Bein wird von der Testperson so weit wie möglich an die Brust herangezogen, während das andere Bein entspannt, in der Hüfte gestreckt, über den Rand der Liege herabhängt. Das Becken und die Lendenwirbelsäule sind fixiert. Gemessen wird der Winkel des Oberschenkels zur Körperlängsachse.	**Stufe 0**: Der Oberschenkel erreicht die Horizontale und kann durch leichten Druck des Trainers unter die Horizontale geführt werden. Der M. iliopsoas ist voll beweglich. **Stufe 1**: Der Oberschenkel erreicht die Horizontale nicht, kann allerdings in diese gebracht werden durch einen leichten Druck des Testers. Die Beweglichkeit ist leicht eingeschränkt. **Stufe 2**: Selbst mit Druck des Trainers auf den Oberschenkel erreicht dieser die Horizontale nicht. Es liegt ein Bewegungsdefizit vor.	Stufe 1: Der Oberschenkel erreicht die Horizontale nicht, kann allerdings in diese gebracht werden. Die Beweglichkeit ist leicht defizitär.

Te-stübung	Testdurchführung	Richtwerte	Testergebnis
Kniestreckmuskulatur (M. quadriceps femoris)	Die Testperson legt sich mit dem Rücken auf eine Behandlungsliege. Das Gesäß schließt mit dem Rand der Liege ab. Ein Bein wird von der Testperson so weit wie möglich an die Brust herangezogen, während das andere Bein entspannt, in der Hüfte gestreckt, über den Rand der Liege herabhängt. Das Becken und die Lendenwirbelsäule sind fixiert. Gemessen wird am entspannt herabhängende Unterschenkel des gestreckten Beins.	**Stufe 0**: Der Unterschenkel hängt senkrecht herab. Durch einen leichten Druck des Trainers ist es möglich die Kniebeuge zu vergrößern. Die Kniestreckmuskulatur ist voll beweglich. **Stufe 1**: Der Unterschenkel ist leicht über dem 90 Grad Kniebeugewinkel, kann allerdings durch leichten Druck in die Senkrechte gebracht werde. Es liegt ein leichtes Bewegungsdefizit vor. **Stufe 2**: Der Unterschenkel lässt sich selbst durch leichten Druck des Testers nicht in die 90 Grad Kniebeugestellung führen. Die Beweglichkeit ist eingeschränkt.	Stufe 1: Der Unterschenkel hängt zwischen 80 und 90 Grad Kniebeugewinkel herab und kann manuell in die 90 Grad Stellung gebracht werden. Die Beweglichkeit ist leicht eingeschränkt.
Kniebeugemuskulatur (Mm. ischiocrurales)	Die Testperson legt sich mit dem Rücken auf eine Behandlungsliege. Ein Bein wird angewinkelt aufgestellt (Flexion im Hüft- und Kniegelenk). Das andere Bein wird sowohl im Hüft- als auch im Kniegelenk gestreckt und der Tester führt das Bein in dieser Extension so weit wie möglich in Richtung Brust, um die maximale Hüftflexion zu erreichen. Das Becken und die Lendenwirbelsäule sind während des gesamten Vorgangs im Kontakt zur Auflagefläche. Der Hüftbeugewinkel des Testbeins zur Horizontalen dient als Messbereich.	**Stufe 0**: Die Flexion im Hüftgelenk erreicht 90 Grad oder mehr. Die Kniebeugemuskulatur ist ohne Beweglichkeitseinschränkungen. **Stufe 1**: Der Winkel ist zwischen 80 und 90Grad. Es liegt ein leichtes Bewegungsdefizit vor. **Stufe 2**: Die Flexion im Hüftgelenk ist nur unter 80 Grad möglich. Die Beweglichkeit ist eingeschränkt.	Stufe 0: Die Hüftflexion liegt zwischen 90 und 100 Grad. Es liegt keine Beweglichkeitseinschränkung in der Kniebeugemuskulatur vor.
Wadenmuskulatur (Mm. triceps surae)	Die Testperson legt sich in Rückenlage auf eine Behandlungsliege. Die distale Hälfte des Unterschenkels liegt im Überhang auf der Liege. Der Tester nimmt das Fersenbein distal mit einer Hand. Die andere Hand ergreift den Fuß von der Außenkante. Von der Körpermitte entfernend wird ein Hauptzug an der Ferse vom Tester ausgeübt. Der Daumen der anderen Hand lenkt den Vorfuß mit leichtem Druck zum Schienbein hin (maximale Dorsalextension). Gemessen wird der Winkel zwischen Fuß und Unterschenkel.	**Stufe 0**: Die Dorsalextension ist bis zu einer 0 Grad Stellung möglich, d.h. 90 Grad zwischen Fuß und Unterschenkel. Es liegt keine Einschränkung vor. **Stufe 1**: Die Dorsalextension ist möglich, allerdings wird die 0 Grad Stellung nicht erreicht. Es liegt ein leichtes Bewegungsdefizit vor. **Stufe 2**: Die Dorsalextension ist nur 10 Gradunterhalb der 0 Grad Stellung möglich. Die Beweglichkeit ist deutlich eingeschränkt.	Stufe 0: Der Winkel zwischen Fuß und Unterschenkel beträgt 90 Grad. Es gibt kein Beweglichkeitsdefizit in der Wadenmuskulatur.

3 Trainingsplanung Beweglichkeitstraining

Die Übungen im folgenden Dehnprogramm dienen einem allgemeinen Beweglichkeitstraining mit einem Methodenmix für die wichtigsten Muskel-Gelenk-Systeme im Körper. Der Methodenmix ist umfangreich und abwechslungsreich aus allen Kombinationen der Arbeitsweisen und Dehnformen. Hinsichtlich der festgestellten Beweglichkeitsdefizite wurden entsprechende Übungen zur Dehnung der Kniestreck- und Hüftbeugemuskulatur eingebaut. Die Reihenfolge folgt einem Kopf bis Fuß Schema, wobei erst die Übungen im Stehen absolviert werden, dann die knienden und zum Schluss die Übungen im Liegen. Für jedes betroffene Muskel-Gelenk-System gibt es je zwei Übungen. Eine für die agonistisch und eine für die antagonistisch wirkende Muskulatur des Gelenkes.

Tab.3: Dehntraining (eigene Darstellung)

Dehn-übung	Zielmuskulatur	Dehnmethode	Beschreibung	Belastungsgefüge
Arm-L-Stellung an der Wand (stehend)	Schultergelenkanteversion (M. pectoralis major)	Passiv-statisch	Die Person begibt sich in einen aufrechten Stand. Die Füße stehen parallel zur Wand. Der Arm wird im Ellenbogen 90 Grad angewinkelt in die Waagerechte abduziert und im Schultergelenk rotiert, so dass die Fingerspitzen gerade nach oben zeigen, bevor der Arm in einer maximalen Retroversion hinter den Körper gebracht wird. Der Unterarm wird nun mit der flachen Hand an einer Wand abgelegt. Der Oberkörper wird maximal rotiert, so dass eine Dehnung in der Brustmuskulatur zu verspüren ist. Die Dehnposition wird gehalten. Diese Übung wird mit beiden Seiten durchgeführt.	Trainingshäufigkeit pro Woche: 3 Mal pro Woche Sätze pro Übung: 2 Sätze pro Übung Dehndauer: 30 Sekunden Intensität: submaximal
Arm langziehen (stehend)	Schultergelenkretroversion (M. latissimus dorsi)	Passiv-statisch	Die Person steht aufrecht mit den Füßen etwa zwei Hüftbreiten auseinander. Der linke Arm wird aufrecht mit den Fingerspitzen in die Luft gestreckt. Der rechte Arm greift das Handgelenk und zieht den Arm nach oben und hinter den Kopf. Anschließend folgt der Oberkörper dem Zug des rechten Armes mit einer Lateralflexion bis ein leichtes Ziehen im linken Armstrecker und der linken Körperseite zu spüren ist. Diese Position wird gehalten. Diese Übung wird mit beiden Seiten durchgeführt.	Trainingshäufigkeit pro Woche: 3 Mal pro Woche Sätze pro Übung: 2 Sätze pro Übung Dehndauer: 30 Sekunden Intensität: submaximal
Umar-	Schulter-	Aktiv-	Die Person steht aufrecht mit den	Trainingshäufigkeit

Dehn-übung	Zielmuskulatur	Dehnmethode	Beschreibung	Belastungsgefüge
mung (stehend)	blattadduktoren (Mm. rhomboidei)	statisch	Füßen etwa schulterbreit auseinander. Die Wirbelsäule wird Wirbel für Wirbel eingerollt. Die Arme werden 90 Grad abduziert und hinter den Körper gezogen in eine leichte Vordehnung der Brustmuskulatur. Aus dieser Position heraus werden die Arme nach vorne geführt und umarmen den eigenen Körper soweit es geht, sodass die Schulterblätter mit den Handflächen erreicht werden. Diese Position wird gehalten.	pro Woche: 3 Mal pro Woche Sätze pro Übung: 2 Sätze pro Übung Dehndauer: 30 Sekunden Intensität: submaximal
Seitlich Beugen (stehend)	Lateralflexoren der Wirbelsäule (M. errector spinae und seitliche Bauchmuskulatur)	Aktiv-dynamisch	Die Person steht in der Ausgangsposition hüftbreit und aufrecht. In einer dynamischen Bewegung werden abwechselnd der linke und der rechte Arm nach oben und hinter den Kopf gestreckt (maximale Abduktion des Armes). Mit der Armbewegung geht eine maximale Seitneige des Oberkörpers (Rotation um die Horizontalachse) in dieselbe Richtung einher, sodass eine Dehnung auf der gestreckten Körperseite zu verspüren ist.	Trainingshäufigkeit pro Woche: 3 Mal pro Woche Sätze pro Übung: 2 Sätze pro Übung Dehndauer: 30 Sekunden Intensität: maximal
Kreuzbeingesäßstreckung (stehend)	Hüftextensoren (M. glutaeus maximus)	Passiv-statisch	Die Person steht aufrecht mit einem Bein angewinkelt und mit dem Knöchel über das gegenüberliegende Knie gelegt. Die Hüfte wird zurück bewegt und während der Hocke werden die Arme nach vorne bewegt, um das Gleichgewicht zu halten. Die Gesäßmuskulatur wird spürbar gedehnt, indem das stehende Bein versucht, mit dem Oberschenkel parallel zum Boden zu kommen, und das gekreuzte Knie so gebogen wird, dass das Knie zur Seite nach außen zeigt. Die Endposition wird gehalten. Diese Übung wird mit beiden Seiten durchgeführt.	Trainingshäufigkeit pro Woche: 3 Mal pro Woche Sätze pro Übung: 2 Sätze pro Übung Dehndauer: 30 Sekunden Intensität: submaximal
Hüftdehnung im Ausfallschritt mit abgelegtem Knie. (kniend)	Hüftflexoren (M. iliopsoas)	Aktiv-dynamisch	Der vordere Fuß ist ganz auf dem Boden aufgesetzt. Das hintere Bein ist mit dem Knie und Unterschenkel abgelegt. Der Oberkörper ist leicht nach vorne gebeugt. Die Hüfte des hinteren Beins wird nach vorne abwärts bewegt. Zwischen Dehn- und Schmerzschwelle wird die Hüfte in einer kleinen Bewegungsamplitude vor und zurück bewegt, sodass eine maximale Dehnung für einen kurzen Zeitraum erreicht wird. Diese Übung wird mit beiden Seiten durchgeführt.	Trainingshäufigkeit pro Woche: 3 Mal pro Woche Sätze pro Übung: 2 Sätze pro Übung Dehndauer: 30 Sekunden Intensität: maximal
Dehnung	Knieexten-	Passiv-	Der vordere Fuß ist ganz auf dem	Trainingshäufigkeit

Dehnübung	Zielmuskulatur	Dehnmethode	Beschreibung	Belastungsgefüge
der Knieextensoren im Ausfallschritt mit abgelegtem Knie (kniend)	soren (M. quadriceps femoris)	dynamisch mit Hilfsmittel	Boden aufgesetzt. Das hintere Bein ist mit dem Knie abgelegt. Der Oberkörper wird leicht nach vorne gebeugt. Mit dem Arm wird der Fuß zum Gesäß gezogen. Ist dies nicht mit dem Arm möglich kann ein Seil, Handtuch oder ähnliches um den Knöchel gelegt, um die Reichweite des Armes zu erhöhen. Um die Dehnung zu verstärken wird die Hüfte mit dem gegenüberliegendem Darmbeinstachel in Richtung Ferse nach vorne gedrückt. Der Unterschenkel wird so weit wie möglich angezogen bis der maximal ertragbare Dehnungsschmerz eintrifft. Ist dieser Punkt erreicht wird die Dehnposition wieder verlassen. Diese Übung wird mit beiden Seiten durchgeführt.	pro Woche: 3 Mal pro Woche Sätze pro Übung: 2 Sätze pro Übung Dehndauer: 30 Sekunden Intensität: maximal
Schneeengel (liegend)	Schulterblattabduktoren (M. serratus anterior)	aktivdynamisch	Die Person liegt mit gebeugten Knien flach auf den Rücken und den Füßen flach auf den Boden. Der Rücken wird in den Boden gedrückt. Arme und Kopf bilden ein "W" in der Ausgangsposition. Die Arme werden in der Anfangsphase mit dem Handrücken am Boden über den Kopf gestreckt. In der Schlussphase werden die Arme wieder gebeugt und an den Körper zurück in die Ausgangsposition gezogen. Während der gesamten Bewegung bleibt der Arm in Kontakt mit dem Boden.	Trainingshäufigkeit pro Woche: 3 Mal pro Woche Sätze pro Übung: 2 Sätze pro Übung Dehndauer: 30 Sekunden Intensität: maximal
Hip Crossover (liegend)	Wirbelsäulenrotatoren (M. errector spinae und seitliche Bauchmuskulatur)	Passivstatisch	Die Person liegt flach auf dem Boden mit den Armen und Schultern ausgebreitet flach auf dem Boden liegend. Die Beine sind in die Luft gestreckt und bilden mit dem Oberkörper einen 90 Grad Winkel Die Beine werden geschlossen und kontrolliert nach links oder rechts geführt. Die Dehnposition mit den Beinen am Boden wird gehalten. Der Bauch ist dabei fest angespannt. Schultern und Rumpf behalten dabei immer Bodenkontakt.	Trainingshäufigkeit pro Woche: 3 Mal pro Woche Sätze pro Übung: 2 Sätze pro Übung Dehndauer: 30 Sekunden (Bodenkontaktzeit der Beine) Intensität: submaximal
Postisometrische Dehnung der Ischiocruralen Muskulatur mit Partner (liegend)	Knieflexoren (Mm. ischiocrurales)	Postisometrisches Dehnen mit Partnerhilfe	Die Person liegt auf dem Rücken mit einem Bein angewinkelt aufgestellt und dem anderen in Hüft- und Kniegelenk gestreckt. Der Partner führt das Bein in eine Hüftflexion in die Dehnung mit dem Bein an seinem Oberkörper abgelegt. Die ausübende Person signalisiert seinem Partner den maximalen tolerierbaren Dehnungsschmerz. Die Dehnung wird	Trainingshäufigkeit pro Woche: 3 Mal pro Woche Sätze pro Übung: 2 Sätze pro Übung Dehndauer: 30 Sekunden Intensität: maximale Muskelkontraktion; submaximale statische Dehnung

Dehn-übung	Zielmuskulatur	Dehnmethode	Beschreibung	Belastungsgefüge
			statisch für 30 Sekunden gehalten. Nun spannt die ausübende Person mit aller Kraft gegen die Spannungsquelle, gegen den Oberkörper der Hilfsperson mit dem Ziel das Bein wieder ausgestreckt zum Boden zu bringen. Der Partner darf dabei nicht ausweichen, es darf keine dynamische Bewegung entstehen. Nach 10 Sekunden wird die Spannung gelöst und der Partner erhöht sofort den Grad der Dehnung. Dies wird wiederholt Diese Übung wird mit beiden Seiten durchgeführt.	

Das Belastungsgefüge wurde so gewählt, dass zusammen mit dem Koordinationsprogramm der vorgegebene Zeitrahmen von 60 Minuten eingehalten werden kann.

4 Trainingsplanung Koordinationstraining

Tab.4: Koordinationstraining (eigene Darstellung)

Übung	Beschreibung	Belastungsgefüge
Einbeinstand statisch	Ein Bein wird angehoben und angewinkelt (90 Grad Winkel in Hüft- und Kniegelenk), so dass das Gewicht komplett auf dem Standbein ruht. Der Oberkörper steht aufrecht. Die Übung wird beidseitig durchgeführt.	Trainingshäufigkeit: 3 Mal pro Woche Sätze pro Übung: 2 Sätze pro Seite Satzpausen: 15 Sekunden Belastungsdauer: 30 Sekunden Pausen zwischen den Übungen: 1 Minuten
Einbeinstand statisch auf BOSU-Ball	Ein Bein wird angehoben und angewinkelt (90 Grad Winkel in Hüft- und Kniegelenk), so dass das Gewicht komplett auf dem Standbein ruht. Der Oberkörper steht aufrecht. Dabei steht das Standbein auf einem BOSU-Ball. Die Übung wird beidseitig durchgeführt.	Trainingshäufigkeit: 3 Mal pro Woche Sätze pro Übung: 2 Sätze pro Seite Satzpausen: 15 Sekunden Belastungsdauer: 30 Sekunden Pausen zwischen den Übungen: 1 Minuten
Pistolsquat statisch in Ausgangsposition	Ein Bein wird angehoben und das Knie gestreckt (90 Grad Winkel im Hüftgelenk und 180 Grad im Kniegelenk), so dass das Gewicht komplett auf dem Standbein ruht (Ausgangsposition). Der Oberkörper steht aufrecht. Die Übung wird beidseitig durchgeführt.	Trainingshäufigkeit: 3 Mal pro Woche Sätze pro Übung: 2 Sätze pro Seite Satzpausen: 15 Sekunden Belastungsdauer: 30 Sekunden Pausen zwischen den Übungen: 1 Minuten
Pistolsquat statisch in Ausgangsposition auf BOSU-Ball	Ein Bein wird angehoben und das Knie gestreckt (90 Grad Winkel im Hüftgelenk und 180 Grad im Kniegelenk), so dass das Gewicht komplett auf dem Standbein ruht. Der Oberkörper steht aufrecht. Dabei steht das Standbein auf einem BOSU-Ball.	Trainingshäufigkeit: 3 Mal pro Woche Sätze pro Übung: 2 Sätze pro Seite Satzpausen: 15 Sekunden Belastungsdauer: 30 Sekunden

Übung	Beschreibung	Belastungsgefüge
	Die Übung wird beidseitig durchgeführt.	Pausen zwischen den Übungen: 1 Minuten
Pistolsquat statisch in Endposition	Die Person sitz am Boden mit einem Bein angewinkelt und dem anderen gestreckt. Mit dem aufgesetzten Bein werden Gesäß und das gestreckte Bein vom Boden abgehoben und kurz über dem Boden gehalten (Endposition). Die Übung wird beidseitig durchgeführt.	Trainingshäufigkeit: 3 Mal pro Woche Sätze pro Übung: 2 Sätze pro Seite Satzpausen: 15 Sekunden Belastungsdauer: 30 Sekunden Pausen zwischen den Übungen: 1 Minuten
Pistolsquat statisch in Endposition auf BOSU-Ball	Die Person sitz mit einem Bein angewinkelt auf einem BOSU-Ball und dem anderen gestreckt. Mit dem aufgesetzten Bein werden Gesäß und das gestreckte Bein vom Boden abgehoben und kurz über dem Boden gehalten. Die Übung wird beidseitig durchgeführt.	Trainingshäufigkeit: 3 Mal pro Woche Sätze pro Übung: 2 Sätze pro Seite Satzpausen: 15 Sekunden Belastungsdauer: 30 Sekunden Pausen zwischen den Übungen: 1 Minuten
Pistolsquat halber Weg mit Partnerhilfe	Aus der Ausgangsposition heraus wird abwechselnd der halbe Weg des Pistolsquat in Richtung Endposition überwunden und die Ausgangsposition wieder eingenommen. Als Hilfestellung hält der Übende mit der diagonal zum ausgestreckten Bein liegenden Hand die Hand eines Partners oder gibt sich Hilfestellung an einer Gymnastikstange. Die Übung wird beidseitig durchgeführt.	Trainingshäufigkeit: 3 Mal pro Woche Sätze pro Übung: 2 Sätze pro Seite Satzpausen: 15 Sekunden Belastungsdauer: 30 Sekunden Pausen zwischen den Übungen: 1 Minuten
Pistolsquat halber Weg mit Partnerhilfe	Aus der Endposition heraus wird abwechselnd der halbe Weg des Pistolsquat in Richtung Ausgangsposition überwunden und die Endposition wieder eingenommen. Als Hilfestellung hält der Übende mit der diagonal zum ausgestreckten Bein liegenden Hand die Hand eines Partners oder gibt sich Hilfestellung an einer Gymnastikstange. Die Übung wird beidseitig durchgeführt.	Trainingshäufigkeit: 3 Mal pro Woche Sätze pro Übung: 2 Sätze pro Seite Satzpausen: 15 Sekunden Belastungsdauer: 30 Sekunden Pausen zwischen den Übungen: 1 Minuten
Pistolsquat halber Weg	Aus der Ausgangsposition heraus wird abwechselnd der halbe Weg des Pistolsquat in Richtung Endposition überwunden und die Ausgangsposition wieder eingenommen. Die Übung wird beidseitig durchgeführt.	Trainingshäufigkeit: 3 Mal pro Woche Sätze pro Übung: 2 Sätze pro Seite Satzpausen: 15 Sekunden Belastungsdauer: 30 Sekunden Pausen zwischen den Übungen: 1 Minuten
Pistolsquat halber Weg	Aus der Endposition heraus wird abwechselnd der halbe Weg des Pistolsquat in Richtung Ausgangsposition überwunden und die Endposition wieder eingenommen. Die Übung wird beidseitig durchgeführt.	Trainingshäufigkeit: 3 Mal pro Woche Sätze pro Übung: 2 Sätze pro Seite Satzpausen: 15 Sekunden Belastungsdauer: 30 Sekunden Pausen zwischen den Übungen: 1 Minuten
Pistolsquat mit Partnerhilfe.	Abwechselnd wird die Ausgangs- und Endposition vom Übenden eingenommen. Als Hilfestellung hält der Übende mit der diagonal zum ausgestreckten Bein liegenden Hand die Hand eines Partners oder gibt sich Hilfestellung an einer Gymnastikstange. Die Übung wird beidseitig durchgeführt.	Trainingshäufigkeit: 3 Mal pro Woche Sätze pro Übung: 2 Sätze pro Seite Satzpausen: 15 Sekunden Belastungsdauer: 30 Sekunden Pausen zwischen den Übungen: 1 Minuten
Pistolsquat	Abwechselnd wird die Ausgangs- und End-	Trainingshäufigkeit: 3 Mal pro

Übung	Beschreibung	Belastungsgefüge
	position vom Übenden eingenommen. Die Übung wird beidseitig durchgeführt.	Woche Sätze pro Übung: 2 Sätze pro Seite Satzpausen: 15 Sekunden Belastungsdauer: 30 Sekunden Pausen zwischen den Übungen: 1 Minuten

Die Zielübung der vorliegenden Übungsreihe ist der Pistolsquat. Der Pistolsquat vereint die Elemente Kraft und Koordination durch das Überwinden des eigenen Körpergewichts mit nur einem Bein auf kleiner Kontaktfläche, wodurch die Gleichgewichtsfähigkeit besonders gefordert wird. Das Krafttraining auf instabilen Oberflächen ist effektiv zur Kraftsteigerung und Verbesserung der Gleichgewichtsfähigkeit (Behm et al., 2015). Sukzessiv wird von Übung zu Übung nur ein Störfaktor hinzugefügt oder der Belastungsdruck erhöht. Wird der Belastungsdruck erhöht, wird zunächst der Störfaktor (hier: BOSU-Ball) entzogen, bevor er in der darauf folgenden Übung wieder hinzugefügt wird. In den dynamischen Übungen wird aufgrund der hohen Belastungssteigerung das Gleichgewicht zunächst gestützt, bevor die Übung frei durchgeführt wird.

Die Ausgangsübung, der Einbeinstand ist die einfachste Übung der Übungsreihe. Bis hin zur Zielübung Pistolsquat steigen die Anforderungen an Koordination und Kraft sukzessiv, gemäß den didaktischen Grundsätzen (Wilhelm) vom Einfachen zum Komplexen und vom Leichten zum Schweren. Da auch Geräte und Hilfsmittel mit zum Einsatz kommen sollen in diesem Trainingsprogramm, wird in der folgenden Übung ein BOSU-Ball, also eine unebene Kontaktfläche, als Störgröße hinzugefügt. Statt einem BOSU-Ball kann alternativ auch auf eine andere unebene Kontaktfläche zurückgegriffen werden. Eine regelmäßige Variation der Kontaktfläche ist gemäß des Prinzips der variierenden Belastung (Dober, 2007) auch sinnvoll. Wieder angefangen beim Einbeinstand wird die Anforderung als Nächstes durch Belastungsdruck erhöht, indem das Knie durchgestreckt wird, sodass das Bein waagerecht liegt. Die Hüftbeuge- und Kniestreckmuskulatur verrichtet statische Muskelarbeit und erfährt so einen zusätzlichen Krafttrainingsreiz mit der Schwerkraft als Widerstand. In der darauf folgenden Übung wird wieder der BOSU-Ball als zusätzlicher Störfaktor hinzugezogen. In der darauffolgenden Übung wird der Pistolsquat in der Endposition statisch gehalten. Diese Übung dient dem Training der Muskulatur zur muskulären Sicherung der Endposition, damit die Zielübung full range of motion muskulär gesichert ist und ein Prellen vom Boden und damit verbunden ein unkontrollierter Sturz mit Verletzungsgefahr verhindert werden kann (Cho et al., 2012). Nachdem Ausgangs und Endposition statisch gehalten werden können, folgen halbfreie Übungen, also mit Unterstützung durch einen Partner, mit dynamischer Muskelarbeit des Standbeines. Durch die dynamische Muskelarbeit wird der Belastungsdruck erneut erhöht. Bevor der Pistolsquat vollständig durchgeführt wird erfolgt eine Teilung der Bewegung, damit die Schritte der Belastungssteigerung in kleineren Schritten erfolgen. Zuerst wird nur der halbe Weg vollzogen. Jeweils aus der Ausgangs- und Endposition der Zielübung. Dabei wird zunächst das Gleichgewicht gestützt durch Partnerhilfe oder Hinzunahme einer Gymnastikstange. Im nächsten Schritt wird der Halbe Weg ohne Gleichgewichtsstütze überwunden. Durch Wegnahme der Gleichgewichtsstütze wird der Belastungsdruck erneut erhöht. In der letzten Übung wird der ganze Pistolsquat in seiner vollständigen Bewegung absolviert, allerdings im ersten Schritt wieder mit Partnerhilfe, damit die Belastungssteigerung zur Zielübung nicht zu hoch ist. Gemäß dem Prinzip der Belastungssteigerung können im nächsten Mesozyklus weitere Übungen hinzugefügt werden. Denkbar wären Variationen mit dem BOSU-Ball bei den letzten Übungen, um die Anforderung zu erhöhen.

Das Belastungsgefüge wurde so gewählt, dass zusammen mit dem Dehnprogramm der vorgegebene Zeitrahmen von 60 Minuten eingehalten werden kann.

5 Literaturrecherche

Tab.5.: Effekte des Dehnens im Hinblick auf eine Verbesserung der sportlichen Leistungsfähigkeit (eigene Darstellung)

	Studie 1	Studie 2
Titel	The acute effect of different stretching methods on sprint performance in taekwondo practitioners.	Static stretching can impair explosive performance for at least 24 hours.
Autor	Alemdaroğlu et al.	Haddad et al.
Publikationsjahr	2017	2014
Versuchspersonen	Zwölf männliche Taekwondo-Ausübende	16 männliche Fußballspieler im Alter zwischen 17 und 19 Jahren
Versuchsaufbau	In zufälliger Reihenfolge wurden in 3-Tagesintervallen verschiedenen Dehnmethoden (Ballistisches Dehnen, PNF und statisches Dehnen) angewandt, bevor zwei maximal 20 Meter Sprints mit einer Minute Regeneration dazwischen absolviert wurden, wobei die 10 Meter Sprintzeit auch aufgezeichnet wurde. Die Sprints wurden	In einem 7-Tagesintervall wurde jeweils 24 Stunden vor der 30m-Sprinttest, 5-Sprung-Test (5JT) und RSA-Messung ein fünfzehnminütiges Dehnprogramm absolviert. Dabei wurde ein statisches Dehnen, dynamisches Dehnen und eine Kontrollbedingung ohne

	Studie 1	Studie 2
	direkt nach dem Dehnen, bzw. 5, 10, 15 und 20 Minuten danach absolviert. Die Sprints wurden auch vor dem Dehnen durchgeführt.	Dehnung durchgeführt.
Relevanten Ergebnisse und Schlussfolgerungen der Studie	Die Sprintdauer steigt nach statischem, ballistischem Dehnen und der PNF Anwendung. Unter der Bedingung des statischen Dehnens hat es 15 Minuten gebraucht, bis die Sprintleistung auf 10 und 20 Meter vollständig regeneriert wurde. Nach PNF hat es zur Regeneration der Sprintleistung auf 20 Meter 15 Minuten gebraucht, jedoch zur Regeneration der 10 Meter Sprintleistung 20 Minuten. Nach dem ballistischem Dehnen hat es zur vollständigen Regeneration der 10 und 20 Meter Sprintleistung 5 Minuten gebraucht. Schlussfolgernd lässt sich sagen, dass statisches Dehnen, ballistisches Dehnen und PNF kurzfristig zur Reduktion der Sprintleistung führen, wobei die Sprintleistung weniger durch das ballistische Dehnen beeinflusst wird. Daher ist es nicht ratsam, PNF oder statisches Dehnen direkt vor einer Sprintleistung durchzuführen.	Signifikant bessere Leistung im Sprinttest und beim 5JT wurde beobachtet nach dynamischen Dehnen im Vergleich zur Kontrollbedingung und nach statischem Dehnen. Im Vergleich zu den anderen Bedingungen wurden signifikant schlechtere Leistungen beim Sprinttest und 5JT beobachtet nach statischem Dehnen. In der RSA-Messung wurden keine signifikanten Unterschiede bei den unterschiedlichen Bedingungen beobachtet. Schlussfolgernd zeigt diese Studie, dass die positiven Effekte dynamischen Dehnens Explosivleistungen über einen Zeitraum von 24 Stunden hinweg positiv beeinflussen.
Quelle	(Alemdaroğlu et al. 2017)	(Haddad et al. 2014)

6 Literaturverzeichnis

Alemdaroğlu, Utku; Köklü, Yusuf; Koz, Mitat (2017): The acute effect of different stretching methods on sprint performance in taekwondo practitioners. In: *The Journal of sports medicine and physical fitness* 57 (9), S. 1104–1110. DOI: 10.23736/S0022-4707.16.06484-7.

Behm, David G.; Muehlbauer, Thomas; Kibele, Armin; Granacher, Urs (2015): Effects of Strength Training Using Unstable Surfaces on Strength, Power and Balance Performance Across the Lifespan. A Systematic Review and Meta-analysis. In: *Sports medicine (Auckland, N.Z.)* 45 (12), S. 1645–1669. DOI: 10.1007/s40279-015-0384-x.

Cho, Kang Hee; Bok, Soo Kyung; Kim, Young-Jae; Hwang, Seon Lyul (2012): Effect of lower limb strength on falls and balance of the elderly. In: *Annals of rehabilitation medicine* 36 (3), S. 386–393. DOI: 10.5535/arm.2012.36.3.386.

Dober, Rolf (2007): Prinzip der Variation der Trainingsbelastung. Online verfügbar unter http://www.sportunterricht.de/lksport/trainvari.html, zuletzt aktualisiert am 11.02.2007, zuletzt geprüft am 05.12.2018.

Haddad, Monoem; Dridi, Amir; Chtara, Moktar; Chaouachi, Anis; Wong, Del P.; Behm, David; Chamari, Karim (2014): Static stretching can impair explosive performance for at least 24 hours. In: *Journal of strength and conditioning research* 28 (1), S. 140–146. DOI: 10.1519/JSC.0b013e3182964836.

Janda, Vladimír (Hg.) (2000): Manuelle Muskelfunktionsdiagnostik. 4., überarb. und erw. Aufl. München: Elsevier Urban & Fischer.

Wilhelm, Andreas: Grundlagen der Methodik. Online verfügbar unter http://sch.volleyball.bayern/Ausbildung/Praesentation/2_2_Grundlagen_der_Methodik.pdf, zuletzt geprüft am 05.12.2018.

BEI GRIN MACHT SICH IHR WISSEN BEZAHLT

- Wir veröffentlichen Ihre Hausarbeit, Bachelor- und Masterarbeit

- Ihr eigenes eBook und Buch - weltweit in allen wichtigen Shops

- Verdienen Sie an jedem Verkauf

Jetzt bei www.GRIN.com hochladen und kostenlos publizieren